AF406603

Rey D' Linares

Santuario de Cronos

© Editorial Giraluna R.L, 2017
Primera edición: 2017 (Libro Digital)
Derechos Reservados

Impreso en Venezuela por:
Cooperativa Taller Editorial y Literario "Giraluna"
J-29614384-6
editorialgiraluna2008@gmail.com
Teléfono: (+58) 0212-524.25.33

Depósito Legal: **DC2017002017**
ISBN: **978-980-7257-26-8**

La poesía es el género
de la sinceridad última e irreversible
Mario Benedetti

I
Cronos jugueteando entre las hojas
el mar con el sol se ha peleado
neonatos vuelan sobre el agua
las agujas del reloj
desfilan en retirada
permitiendo que nazca
el poeta del mañana.

12
1
2
3
4
5
6
7
8
9
10
11
RAILWAY TIMEKEEPER
SHOCKPROOF
SPECIALLY EXAMINED

II
Vuelvo a encontrarme en la estación del tren
a la que no he regresado
la veo sola triste como olvidada
ya el último tren partió sin despedirse
y puedo ver mil adiós guindados en el techo
cual frutos adormecidos madurando
esperando convertirse en reencuentros.

III
Tatúo en la piel de la hoja
una frase incoherente
escucho el sonido del búho
que está fuera de mi ventana
silba el viento
choca contra el cristal
intentan entrar
ambos quieren terminar este poema
yo no.

IV
Las agujas del reloj de la espera
son lentas
torpes y pesadas
siento que estoy muerto
viendo a través de una grieta
a este mundo absurdo
Conviviendo con almas en pena
creyente de extrañas leyendas
sin esperanza de ver la libertad
espero huir pronto con el alba
para no parir más anocheceres.

V
Déjame caminar sobre el silencio
con pisadas de olvido
entre la brisa del desamor
y este otoño de tristeza
con esta mirada
de explosión geológica
con este grito de odio
como en cuenta regresiva
para una explosión atómica
que cada paso dado
me acerca ineludiblemente
al instante de mi expiración.

A Alejandra Pizarnik

VI
Mi poesía consiste en mirar las cosas
como miro la rosa
la observo tanto
que termino convirtiéndome
en pétalo
hoja o espina
mirarla tanto hasta ser parte de ella
sentir sus angustias y placeres
el sol que la reseca
la brisa que la adormece
el aura que la baña
la salvia que la nutre
sino ¿de qué sirve verla tanto?

VII
Este poema lo grabaré en la piel
lo escribiré con un cincel
pariré edades para él
lo veré crecer como a un niño
ya hombre no me reconocerá
lo saludaré con cariño
y aunque busque en su mente
no me reconocerá.

VIII

Deseo alcanzar un sueño
que vive guindado en una estrella
que juega en un palacio entre las nubes
Baja algunas noches a mi cuarto
se mete en mi cabeza
y se convierte en pesadilla.

IX
Extravío el camino al amanecer
siempre termino metido
en la oscuridad de esta esquina
con los ojos guindados en su ventana
con este dolor en la garganta atragantado
abrazando a esta borracha tristeza
que se encarga de repetirme
que la he perdido.

X
Descubre lo circular
sobre la delgada arista
el rojizo apenado de la tez
desgana el paso
que por influjo ajeno
ha permitido en su vida
el eclecticismo.

XI
En esta madrugada trasnochada
una palabra que viene trasportada
por la brisa
hace aterradoramente visible esta soledad
mientras tatúo en esta hoja de papel
mil veces tu nombre.

XII
Quisiera desamarrar
este nudo que tengo
en la garganta
quien lo ató
se ha marchado
y el dolor me dejó
con las manos atadas.

XIII
Diálogos viajando entre la brisa
romanza que viene del pasado
miradas perdidas
oídos opacos
latidos serenos
un ligero suspiro
pronuncia un nombre
que rompe el dique del alma
los ojos se inundan silenciosos.

XIV
Lo mira el infinito
se fueron a dormir las estrellas
ya no nacen flores en su pecho
cardos quizás y en luna llena
lo mira con sus manos
lo toca con sus ojos
y su boca lo recuerda.

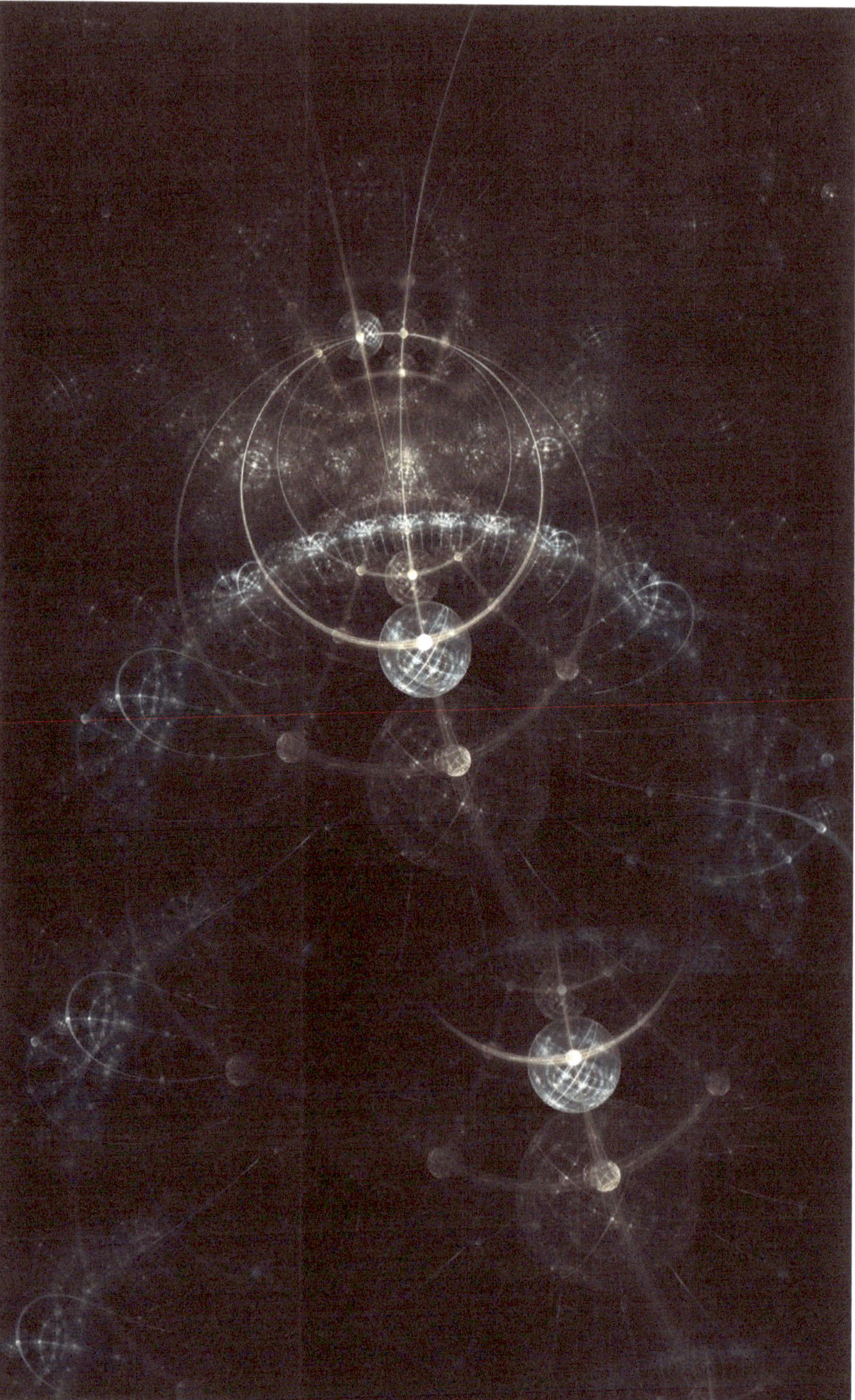

XV
Hay silencios que valen más
que mil palabras
hay palabras que valen más
que mil acciones
hay acciones que no valen nada.

XVI
Me arrodillo
llevo mis manos al pecho
las introduzco en mi interior
presiono con fuerza
mi corazón se quiere detener
obstruido de tanta tristeza.

XVII
Estoy refugiado
detrás de mi propia sombra
oculto del sol de tu mirada
no existo en tu universo
pero tu inconsciente sabe
que mañana serás solo mía.

XVIII
Hay una nota musical
transportada por el aire en un hilo
que trae una canción a mi mente
y me transporta a tu cama
cuando completamente amordazado
saciabas conmigo
tus instintos de ninfómana.

XIX
La distancia logra burlarse
aunque se sienta lejanía
no ha entendido
que el amor no le conoce
que hay formas inimaginables
de acercar dos almas
que parecieran designadas
a vivir eternamente separadas.

XX
Un montón de recuerdos
agitan en sus labios una palabra
un nombre que no ha dicho
hace muchas lunas
la lengua se seca
se siente un sabor amargo
se activa el olfato
vuelve la fragancia que uso aquella noche
viene la brisa y recuerda una caricia
sus manos se ponen tibias
siente un rose
escucha un tenue susurro
cree que no es posible
aparece en su campo visual
no quiere mirar
pero mira.